적막의 눈

이복현 시집

서정시학 시인선 233

서정시학

그립다.
지금은 곁에 없는
울음이 맑은 새 한 마리

종일 산그늘에 숨어 울다가
푸른 하늘 끝도 없이 날아가
점이 되어 사라진 새

―「그리운 새」에서

서정시학 시인선 233

적막의 눈

이복현 시집

서정시학

시인의 말

내 삶의 가을날
헐거워진 길목에 섰다.

잎을 털어낸 나목처럼
간결해지고 싶다.

허명 너머, 오롯한
진실의 뼈를 보여주고 싶다.

어느 날 계절이 바뀌고
소리 없이 곁을 떠났을 때
이름도 기억 못 할 친구들이
내가 앉았던 빈자리를
두고두고 그리워할,

그런 사람이 되고 싶다.
그런 시를 남기고 싶다.

차례

시인의 말 | 5

1부

울음의 열매 | 13
적막의 눈 | 14
그리운 새 | 16
별이 부끄러운 밤 | 18
이삭 하나의 마음으로 | 20
자라는 눈물 | 22
심해 생각 | 23
그림 속에서 비를 맞다 | 24
사립문 열어 두고 | 26
새들의 무덤 | 29
긴 꿈 | 30
숲의 정사 | 32
구절초꽃 | 34
자아自我 분실신고 | 35
비문祕文 | 37
봄비 젖어 피어나다 | 38
일출 | 40

2부

비 갠 하늘 보름달 | 43
흰 새만큼만 | 44
푸른 길 | 45
백마강 | 46
11월의 저녁 | 48
조각구름 | 50
반딧불이 | 52
늦은 저녁의 비파 가락처럼 | 54
대룡리 | 56
자국마다 꽃이 핀다 | 58
한여름의 폭죽 | 60
등꽃 그늘 | 61
어디에나 경전 | 62
거울을 닦으며 | 63
양파 | 64
그리움의 뼈 | 65
멸치 | 67

3부

불면의 바다 | 71
책갈피에 꽂아둔 노래 | 73
유달산 | 75
캠프파이어 | 77
입동 | 79
어머니의 잠 | 81
백 년이 넘도록 피어있는 꽃 | 83
고목의 유서 | 84
옹이 | 86
보은報恩 | 88
워낭 | 89
민달팽이 | 91
밤의 보석들을 캐는 광부 | 92
나무비린내 | 94
이팝나무꽃 | 95
저녁, 시골 버스 정류장 | 97
월하미인月下美人 | 99

4부

살아있는 날의 명상 | 103
바보들의 천국 | 105
눈물의 힘 | 106
어머니의 빈 고방庫房 | 108
겨울 소나무 | 110
아무것도 남기지 않는 새 | 112
죽은 새들을 추억함 | 114
내 마음의 보석 | 116
오래된 세탁기 | 118
얼음 궁궐에 들다 | 120
가업의 힘 | 121
고라니 생각 | 124
비너스 | 126
광복절 아침에 | 130
부끄럽지 않다 | 134
천일염 | 136
영원한 선물 | 137
해설 | 윤리적 고백과 고도화된 자유 | 권성훈 | 139

1부

울음의 열매

봄이 오자, 한 새가
죽은 나뭇가지에서 오래 울었다

불에 탄 나무의 밑동에서 새로 피어난
나뭇잎에 찍힌 바람의 지문을 읽다가
스르르 잠이 들었다

새는 나무뿌리에 감춘 전설을
다 꿈꾸고 나서, 비로소 처음으로
바람 소리, 빗소리를 읽는다

나 오래전에 만난 새는
뜻 모를 울음만 주렁주렁
팽나무 가지에 걸어두고 사라졌다

울음을 기억하는 숲의 나무들은
붉은 울음을 꽃으로 피워
종일 뿌리로부터 뽑아 올린 전설들로
열매를 맺는다

울음은 뜨거운 열매가 되기도 한다

적막의 눈

이젠 꽃을 피우리라
붉은 열매를 맺으리라

오랜 침묵으로
겨울을 건넌 나목처럼
푸른 몸부림으로 일어서리라

적막에 뿌리내린 말들
동토에 잠들었던 슬픈 기억들
가슴 깊이 묻어둔 그리움의 씨앗들
환하게 눈뜨고 깨어나리라

겨자씨 하나같은
아프고 작은 말들이 눈 뜨고 일어나
헐벗은 산야에 큰 나무 되어
땅속 깊이 뻗어 내린 실뿌리로
맑은 수액을 쉼 없이 빨아들여

불타버린 검은 언덕에
연둣빛 꿈들로 무성하게 움 돋아
여린 가지마다 푸르른 이파리들
깃발 되어 펄럭이게 하리라

적막의 뿌리에서 솟구쳐 올라
수관을 타고 흐르는 생명의 노래
상한 가지마다 움트는
꿈을 위해 부르리라
위로받지 못한 사랑을 위해,
뜨거운 눈물을 위해 부르리라

얼어붙은 대지의 심장을 열고
고요히 눈뜨는,
적막을 위하여

그리운 새

자목련 타는 입술에
입 맞추고 싶네

데인 입술, 밤이 새도록
쓰리고 아플지라도
내 영혼에 깊이깊이 새긴 사랑
화인처럼 지워지지 않도록,

가파른 비탈에 불을 지핀
산도화 뜨거운 가슴에
내 차가운 슬픔을 묻고 싶네.
어머니 치맛자락 같은 품에 안겨
서러운 눈물 닦고 싶네

흐느끼면 알려는가?
자꾸만 섭섭하여 뒤돌아보던 봄,
붙잡은 손 살며시 놓아주며
옷자락 여미던 일을,

저무는 하늘 어귀에
진분홍빛 사랑을 흘려
수채물감처럼 풀어놓고 싶은 오늘

그립다.
지금은 곁에 없는
울음이 맑은 새 한 마리

종일 산그늘에 숨어 울다가
푸른 하늘 끝도 없이 날아가
점이 되어 사라진 새

별이 부끄러운 밤

세상에서 가장 가난한 자 되어
기도할 때가 있다

아픈 영혼을 위해 무릎 꿇는 시간
어머니의 순수한 모정처럼
저주하는 자에게 오히려 긍휼을 베풀 때
비천에 스며드는 눈물 한 방울

깊은 바닥으로 내려가
가장 낮은 자 되어
오래 묵은 먼지를 닦을 때
은하수 맑은 물이 되어 흐르는 연민은
불안정한 비밀

수만 별들이 손을 모아
한 걸음 한 걸음씩 가까이 다가와
떨리듯 반짝이는 지금

나의 기도는
누구의 아픔에 닿아 있나
이마에 손을 짚듯
어느 고독한 가슴에 깃들어 있나

별이 부끄러운
고요한 이 밤

이삭 하나의 마음으로

추수 끝난 들판에 떨어진 이삭들

그대는 아는지 몰라
일부러 남겨두는 손이 있다는걸,

가난한 자가 더 가난한 자를 위하여
배고픈 자가 더 배고픈 자를 위하여
남겨둔, 그 마음

누군가를 위해 떨어뜨리고 간
이삭 하나의 마음
봄은 가난한 자의 가슴에
처음으로 찾아와 싹트고
세상은 마침내 환하게 꽃 핀다

배고픈 자를 생각하는 마음
굶주렸던 자만이 알고 있는
풋풋한 가난의 향기
세상은 줍지 않고 남겨둔, 그

이삭 하나의 사랑으로 넉넉히
배부르고 향기롭다

자라는 눈물

아프다
나를 찌르는 뾰족한 눈물
동굴 속에 피어난 종유석

눈물도 몇천 년을 자라면
심장을 겨누는 창이 되기도 하고
차가운 바닥에 쌓여
층층 탑 기둥이 되기도 한다

평생을 어둠에 갇혀 사는
냉혈의 족속, 박쥐도
동굴 천장에 밤낮 매달려서
안쓰럽게 쓰다듬는,
단단한 눈물의 내력

심해 생각

바다가 내다보이는
해남 어느 절간
대웅전 앞뜰 돌계단에 앉아서
마음속 물결을 가르며 헤엄쳐 오는
풍경 끝 쇠 물고기나
넌지시 바라본다

바다 가장 깊은 곳엔
어떤 물고기가 숨 쉬며 살까?
수만 리 깊은 해저에도
적멸을 꿈꾸며 수도하는
물고기가 있을까?

한 번도
심해의 바닥에 닿지 못한 나는
날마다 절간 처마 끝에 매달려 우는
저, 쇠 물고기 울음 뜻 하나도
다 깨치지 못하여 거듭거듭
바람 부는 대웅전 모퉁이에
종일 귀 기울여 앉아있다

그림 속에서 비를 맞다

화가 박수근의 그림 속에는
지금도 주룩주룩 비가 내리고 있다

마을 앞 신작로서부터 몽롱하게
안개 낀 먼 들판까지

그림의 풍경 속에 들어, 일부러
한참을 비에 젖는 사람들 말고도
멋모르고 얼떨결에 잠깐
스치고 지나가는 사람들 모두
함초롬히 비에 젖는다

우산을 써도 젖어 든다

동구 밖 느티나무 아래
아기 업은 아낙이 누군가를 애타게 기다리는데
기다리는 사람보다 어스름이 먼저 온다

여인의 정수리며 앞가슴에서
씨알 트는 소리 들린다

누구든지 오늘
화가 박수근의 그림 속에 들어
비를 맞은 사람은
가슴 가슴마다 파란 싹들이 꾸물꾸물
돋아날지 모를 일이다

흠뻑 젖은 채로 한잠 자고 일어나면
가려운 구석마다 새싹이 돋아나
푸르고 싱싱한 한 그루 나무 되어
그림처럼 오래도록 서 있게 될 게다

사립문 열어 두고

종일 공중을 맴돌던 새
흰 구름 점점이 묻어있는 하늘로
작은 점이 되어 날아간다
영영 돌아오지 않을 것처럼
긴 울음 남기고 사라진다

오늘은 어쩌면 소문도 없이
반가운 손님이 꼭 찾아 올 것만 같아
사립문을 활짝 열어둔다

봄은 자운영꽃 우거진 논둑을 따라
먼 들길 굽이 돌아서, 이제 막
명류천 맑은 물소리를 딛고
징검다리를 사뿐사뿐 건너 오고 있다는
바람의 전갈

처음 만나는 그 사람을 정녕
나도 몰래 사랑하고 싶어지면 어쩌나!
눈물이 나도 참아온 날들

주고받을 것 하나 없어도
오로지 만남만으로 행복해질 거라는 몽상

약속이나 한 것처럼 자꾸만
먼 산 귀퉁이를 바라보던 날들

희미한 꿈에 어느 날
불현듯 기적처럼 불이 켜일 때
처음 알았다
그것을 사람들이
운명이라 부르기도 한다는 걸

영혼과 영혼이 만나는 변곡점
마음이 저절로 흘러
끌림의 꼭짓점에 눈뜨는 새싹처럼
파르르 떨림으로 켜지는
환한 기쁨!
기다림이 길수록 하늘은
점점 어두워 오고, 먼 서녘으로
붉은 노을이 흘러내린다

누군가가 문밖에서 내 이름을 부른다
고요한 산중, 먼 산모롱이
길은 점점 어두워지고
뻐꾸기 소리도 잠이 든 저녁
처음으로 나는, 섭리처럼
구름 너머로 손짓하는 그분과
수줍은 눈인사를 나누었다

새들의 무덤

밤하늘 무수한 별들은
하늘로 간 새들의 무덤

짐승들은 굴을 파고 들어가 긴 잠 들며
사람은 죽고 죽어, 무덤이 산야에 넘쳐나지만
새까맣게 하늘을 뒤덮으며 날아오르던
억만 새들은 땅 위 어디에도 무덤이 없다

하늘로 사라진 새들의 시신은
별이 아니면 어디에 묻힐까?
온종일 주룩주룩 내리는 비는
죽은 새들을 슬퍼하는 하늘의 눈물일까?
살아있는 수만 새들의 눈물일까?

무지개는 새들의 장례식에 내걸린
오색 만장
살아있는 새들이
죽은 새들을 향해 울부짖지만
새들의 무덤은 너무 멀다.

긴 꿈

내가
달의 언어로 말하면
너는 별똥별의 언어로,

네가
명왕성의 언어로 말하면
나는 알 수 없는
우주 밖의 언어로,

그렇게 말하다가, 죽자

더 이상 알 수 없을 때
이해할 수 없을 때

너를 품고, 너의 언어를 보듬고,
너도 나의
착한 말들을 가슴에 안고

깊이 잠들어
몇 억겁을 깨어나지 않을
긴 꿈을 꾸자구나

숲의 정사

안개빛 커튼 뒤에서
거친 숨소리가 새어 나온다
그 신비함에 이끌려
나무와 오래 동침하기 위해
겨울 숲속으로 걸어 들어가
알몸의 나무를 껴안는다

나무의 메마른 자궁 속으로
따뜻한 체온을 쏟아붓는다
혈관의 맨 끝 실핏줄 속까지
끈끈한 수액이 흘러들고
오래도록 뜨거운 사랑이 계속된다

내 어여쁜 2세를 잉태할
푸릇푸릇 건강한 가문비나무는
내일이면 연둣빛 자식들을
숲 가득 거느릴 것이다

나무의 자궁이 문을 닫고
가려있던 숲의 커튼이 열리자
멀리서 봄의 기침 소리가
아련히 들려오고
잠 깬 벌레들의 소곤거림이
적막 위로 흐른다

긴 잠이 안개를 통과하는 동안
나무들이 자꾸만 팔을 벌려
길을 가로막는 숲속에서

구절초꽃

서늘한 바람 부는 한적한 산기슭에
은발 곱게 휘날리며
향긋한 입김으로 유혹하는
초로의 여인

수수한 차림새에 화장도 안 한 민낯,
깨끗하고 창백한 입술에 입 맞춘다

가까이 다가서자
후욱 밀려드는 살냄새
기절할 듯 숨 막히는, 그 가슴에
코를 묻고 그냥 죽어도 좋겠다, 생각하는 순간

꿈을 꾸듯 몽롱한 시야 속으로
새털구름 흩어진 저문 하늘을 뚫고
일군의 기러기 떼, 긴 울음 남기며
머나먼 북국으로 사라진다

자아自我 분실신고

먼 길을 걸어오다가 그만
나를 잃어버렸다

나를 잃어버린 세상은
아무것도 없는 회색의 언덕
푸른 잎도 붉은 꽃도 피지 않는
무생명지대다.

나는 여러 밤낮을 나를 찾아 헤매다가
길이 없는 낭떠러지 끝에 와
위태로운 난간에 섰다
발아래, 눈물에 찬 눈보다 더 흐린
깊고 위험한 강이 흐른다

시간의 급류란 없다
돌아서지 않는 완력으로
비극 속에 허여된 목숨 들을 끌고 간다

나는 지금 어느 위험한 벼랑 위
이유 없이 피었다 지는 꽃처럼
못다 피고 숨이 진 붉은 동백의
참수당한 머리를
엉엉 울어버린 그 울음으로
찾아낼 수 있을까

어느 성난 바다의 울부짖음 끝에서나
그 울음의 멀고 먼 끝에서나
남은 세월에 만날 수 있을까

비문祕文

잘려 나간 고목이
아픈 밑동을 보여준다

수백 년 고난이 응축된 나무의
몇 줄 비문이 적혀있다

누가 감히
이 비문을 해독할 수 있으랴

수많은 비바람과 천둥 번개와
눈보라를 다 담은
이 성전聖典을,

봄비 젖어 피어나다

먼동이 트지 않은 시간
선잠 깨우는 빗소리
댓잎에 소곤대는 그 소리 듣고 싶어
쪽창을 연다

어른대는 그림자 뒤에서 사르륵사르륵
누군가 조심스레 다가오는 듯한 이명

온다는 사람도, 만나자는 약속도 없는데
괜히 혼자서 귀를 쫑긋 세우는,
이 마음은 무엇인가

다시 눈 감고 자리에 눕는다
자장가처럼 젖어 드는 빗소리가
아늑한 꿈속으로 등을 떠민다

동이 트기 전에, 빗소리 그치기 전에
흠뻑 젖은 사람이
회색 안개 문을 두드리고
내 안으로 들어선다

내가 비 되어 적시면 푸릇푸릇
새싹처럼 피어날 사람

일출

밀물에 실려 온 파도 소리
먼 거리의 잠든 섬을 깨울 때
수평선을 가만히 밀어 올리며
얼굴 쑤욱 내밀고
큰 웃음 짓는 얼굴 반갑다

파도는 잰걸음으로
우르르 우르르
해안으로 해안으로 몰려오고
뒤따르는 수많은 멸치 떼
은비늘을 반짝이며 공중 높이
물살 거슬러 튀어 오른다

윤슬에 뒤섞인, 찬란한 생의 향연!

황금 깃발 나부끼듯 펄럭이는 바다가
눈부신 새날의 아침을 몰고
어두운 가슴을 향해
소리치며 달려온다

2부

비 갠 하늘 보름달

젖은 달에서
비린내가 난다

어젯밤엔
하늘빛이 참 맑았는데도
달이 뜨질 않아서
웬일인가 했더니
낮 동안 종일 비가 와
달이 빗물에 씻기어
다 닳아버린 것이었다.

그걸 알고 하느님께서 오늘 밤에
새 비누를 꺼내놓으신 것

가까이 다가가
고갤 쑤욱 내밀었더니
비릿한 원초적 내음이 화악-
콧속을 후비고 드는 것이었다.

흰 새만큼만

내 영혼이
비 갠 하늘을 날아가는
흰 새만큼만 맑았으면 좋겠다

뻘밭을 걸어도 발 빠지지 않고
검은 연기 속으로 날아가도
끝끝내,

끝끝내 젖지 않는,

푸른 길

배추벌레가 아장아장 걸어간 길은
배춧잎 위에 있다

발자국 하나 없는
푸른 길이다

배추벌레는
더 이상 갈 수 없는 막다른 길에서
걸어온 길을 갉아 먹는다
그것이 제 생명줄인 줄도 모르고서,

푸른 길을 다 삼키고서야
흔적 없는 생을 마감한다

백마강

여기쯤서 우리도 헤어져야죠
따뜻했던 손 놓아주며 안녕!
안녕이라고 인사를 건네며
아무렇지 않은 듯이 웃어야겠죠

이 강줄기 끝나는 곳에
고란사 종소리도 한 울음을 터뜨릴 때면
오래전에 떠나가신 백마의 기사
그 흰 달그림자를 기억할지요?

세월도 깊은 강바닥에 침전한
삼천 궁녀의 뜨거운 울음을 다 삼키고도
저 달, 무사히
붉은 강을 건널 수 있을지

여기쯤서 우리도 웃어야죠
얼어붙은 강물이 풀리듯 손을 놓으며
우아하게 헤어져야겠지요

안녕, 안녕이라고
아무렇지 않은 듯이
돌아서야겠지요

한 물이 두 줄기로 나뉘는
푸른 길목에 서서,

11월의 저녁

붉은 양철지붕 위로
오동나무 그늘이 내려앉는다

호랑나비 한 마리가 오랫동안
앉았다 떠난 마른 풀 자리가
군불 지핀 방 아랫목처럼 따숩다

우편배달 아저씨가
바람에 실려 온 단풍잎 같은
붉은 편지 한 통을
문간 우체통에 꽂아두고 갔다

누군가가 나를 보고 싶다는,
그런 편지였음 좋겠다
아무런 이유 없이 그냥 만나서
차 한 잔 나누고 싶다는
기별이었으면 좋겠다

마당 가 감나무에 곱게 물든
잎 하나 포르르 떨어져 내린다
나뭇잎 하나가 떨어질 때 전해오는 파문이
물결 번지듯 가슴으로 밀려온다

쓸쓸한 바람 불고, 해가
마지막 속눈썹을 감아 내린 순간
그림자 하나, 길게 구부러진
돌담길 뒤로 꼬릴 감춘다

나 혼자
산 그림자처럼 저물어 가는데
누굴까? 방금
스치듯이 내 마음을 다녀간 사람,

조각구름

하늘엔 가끔
그리운 사람들이 만들어 놓은
섬들이 나타났다 사라지곤 한다

한참 눈감았다 뜨면
여기저기 수없이 나타났다가
홀연히 사라지곤 하는 섬들

혀를 대면 아이스크림처럼
사르르 녹아버릴 것 같은 섬도 있다

풍경은 아직 마음에 아련한데
노을에 취했다 깨어 보니
섬은 하나 둘 온데간데없이 사라지고
별들만 꽃잎처럼 바다 위에 떠 있다

우리는 모두 흘러가거나 녹아내려
다시는 찾을 수 없는
외로움을 견디며 살아간다

종종 낯선 곳에서, 나그네처럼
말없이 눈만 껌벅이고 있다

반딧불이

깜빡깜빡
내가 지금 타전하고 있는 점멸신호가
몇억 광년 한 별에 닿을 무렵
그때, 그 별에서 내 빛을 발견한
최초의 한 소녀는 이해할까?
이제 막 머나먼 지구에서 다다른, 그
아름다운 신호가 그때는 이미
내가, 이 지구라는 별에는 없는
아주 까마득한 날의 하룻밤 꿈이었음을
깜깜한 세상을 헤치고 날아올라
온몸으로 태워 올린
빛나고 아름다운 그리움이었음을,
아득히 빛나던 우주선,
어둠 속을 운행하던 고독한 별을

그믐밤
꿈꾸던 별을 쫓다 길 잃은 소년은
점점 멀어져만 가던 불빛 사라진 자리
영원이라 할, 그 한 점을 기억하고 있지

자체 발광 불빛이 지구에서 사라지고
가장 먼, 그 별에 닿기 전인 지금
소년은 이렇게 살아있지

아직도 별을 향해 가고 있을
꺼지지 않은 작은 꿈,
그 마지막 불빛을 기억하면서

늦은 저녁의 비파 가락처럼

그리운 이 있거든,
오래 살았어도 못다 한 말 있거든,
다시 영변으로 돌아와요

꽃 같은 새악시는 아닐지라도
헐은 등성이에 다시
봄빛이 돈다잖아요
눈물 같은 꽃들
주렁주렁 달린다잖아요

누가 저 꽃들의 울음을 알아듣나요
피다가 진, 저 어린 꽃들의
웃음 같은 눈물을 알아듣나요
섧디섧은 말들을 이해하나요

그리운 사람이여, 돌아와요
세월의 무서리 얹힌 머리카락 뒤로
흩날리는 아픔이 있을지라도
마지막 순간 굽이도는 길을

후회 없이 손잡고 가고자 한다면,
내 서늘한 이마 위에
당신의 불같은 키스로
마지막 잠을 깨우고자 한다면,

영변으로 돌아와요
어여쁜 나비의 날갯짓처럼,
저무는 계절의 모퉁이서
긴 그림자를 흔드는
늦은 저녁의 비파 가락처럼,

대룡리*

앞이 안 보이는 눈발을 뚫고
잃어버린 옛 마을을 찾아가고 있다

이 세상 그 어디라도
처음부터 놓여있던 길은 없다지만
누군가가 길이 없는 곳으로 길을 내며
걸어갔던 것이라는 걸
마음 깊이 간직하며 살았던,
그 한 길이
어느 날 갑자기 사라지고 없을 때
나보다 먼저 그 길을 걸어간
수많은 사람을 생각하게 된다

바람이 불어오는 곳을 향해
옷자락 펄럭이며 걸음을 옮긴다
걸어가는 모든 방향이 길이 된다
발자국마다 천 개의 길이 된다

---

* '대룡리'는 필자의 고향인 전남 순천의 작은 산골 마을임.

내 고향 대룡리
세찬 눈보라에 지워지기 전에
마음속 거친 시간의 발자국이 새겨진 자리,
달콤했던 꿈들이 소복이 쌓여있는 곳

가도 가도 닿지 않는, 아득한 산골짜기
눈 덮인 언덕 위의 초가집 한 채
나 어릴 적 살던 집, 지붕 위로
저녁연기 솔솔 피어오른다

소쩍새, 달과 함께
어린 밤을 지새우며
꿈을 꾸던 외딴집

자국마다 꽃이 핀다

하늘에 찍힌 새들의 발자국이
무수한 별이 되어
잠언처럼 반짝인다

발자국과 발자국이 뒤섞여
걸어온 길이 다 보이지 않는
난맥일지라도
우리가 한길을 걸어왔으며
몸과 몸이 부딪히며
삼천 겁의 인연을 가졌다는 사실

세상 모서리마다 아픔이 숨어있어도
하루치의 눈물이 기름이 되어
저녁 식탁에 환한 등 하나 켜 올리고
몇몇 날의 슬픔이 우리의 잔을 들어 올려
잠시라도 하나가 되는
이 순간을 노래하자

마을의 은은한 불빛들과
하늘에 새긴 새들의 발자국이
어둠을 밝히는 밤
남몰래 향기를 짓는
깊은 산속 이름 모를 풀꽃들
눈물 자국 지운 자리마다
송이송이 환하게 피어난다.

한여름의 폭죽

제주 안덕 돌오름 기슭
불볕 여름에 자귀나무 줄줄이
꽃불 펑-펑- 피워 올릴 때
재가 되어 흩어진 푸른 날들
돌아보면 서러워라

먼바다 수평선에 맞닿은
물빛 하늘 시리도록 깊어
마음 둘 곳 없는데
저 바다 끝에서 잃어버린 내 사랑
어디로 갔나, 어디로 가고 없나

오름 등 넘어 더듬더듬 내림 길
그늘 되어 숨은 어귀마다
불꽃처럼 툭 툭 터져 나는 그리움,
가슴 월~월~ 태우는, 저
자귀나무 뜨거운 혀

등꽃 그늘

누군가를 오래 기다리다가
지친 나그네가
푸른 새 되어 떠난 자리

그 그늘 아래 잠들 적에
샘 깊은 슬픔을 길어 올려
보라색 심지마다 켜 올린
등불, 등불

마음 한 곳 갑자기
환해 오는 날
너도 기억할 테지?

울음 그치고 마주 보면서
서로의 눈물 닦아주던, 그
등꽃 그늘

어디에나 경전

바람 스치는 댓 잎 하나에도
성현의 말씀이 새겨져 있어
소맷자락 끝에 잔바람만 일어도
사르륵 사르륵
뭇 생의 인연 끝이 없다고,
다 소중하고 값진 사랑이라고
쉼 없이 속삭인다

징검다리 이어주는 냇돌 하나에도
소리 맑은 말씀이 새겨져 있어
흐르는 물살 따라
밤낮 쉬임 없이 돌돌돌
때 묻은 심신을 닦고 닦아
모난 곳 하나 없이 살라고 한다

거울을 닦으며

얼굴을 씻고 마주 앉아
흐린 거울 속
내가 보이지 않을 때

수십 길 어두운 갱 속에서
나를 찾고자 말없이 거울을 닦을 때
지난했던 시간에 자라난 길들이
실핏줄처럼 일어선다

축축한 발자국들과
만나고 헤어진 골목골목
그늘진 음성들이 들려오고
뜨겁거나, 혹은 가벼운 말들이
저음의 바람에 실려 온다

입김 불어 닦는 손바닥에서
하얀 꽃들이 구름처럼 두둥실 피어나고
오랫동안 잊고 있던
향긋한 내음이 묻어난다

양파

닮고 싶다

흐린 강물에 몸을 씻어도
빛나기만 한 속살

벗겨내고 벗겨내도
끝없이 맑고 고움으로
마지막엔 끝내 손에 없는

존재마저 스스로 해체해 버린
삶의 껍질

다 사라진 후, 알고 보니
모든 게 처음부터
'없음'이었던 것을

그리움의 뼈

천년을 살아있는 나무를 만나
종일 이야기 하고 싶다
천년을 참아온 그의 침묵에
그래도 욕심 많은 내 말 한마디
보태고 싶다

오래 견디어 딱딱해진 등뼈가
철심처럼 단단하다
나를 아직도 살아있게
내 유년의 키를 세워준
너는 굳세고도 유연하다

고통의 바다를 헤엄쳐 온
슬픈 어류들이 자라고 자라
거대한 원시의 연체동물처럼 흐느적거릴 때
머리를 쳐든 독사의 허리처럼 힘주어 꼿꼿이,
그 슬픔의 마디마디를 받치고 서 있는
그리움의 뼈여, 하고
네 이름을 외쳐 부른다

죽여도, 죽여도 죽지 않고
살아서 꼿꼿한 독사의 눈을 봐
핏줄이 시커먼 머리 위로
끝없는 먹구름 몰려오고 있다
벼락이 내리치고 천둥이 운다

그래도 끝끝내 꺾이지 마라
정녕코 무너지지 마라
나를 아직 살아있게 하는, 너의
눈물로 키운 뼈, 슬픔으로 세운 뼈

오래 견디어 이제는 더 이상 아프지 않은
머언 먼 시간이 되어라

멸치

건장한 사내들의 힘에 이끌려
그물이 갑판 위로 끌어올려지는 순간
태양을 향해 솟구쳐 오르는
현란한 은빛 도약!

제 몸을 사정없이 동댕이쳐
갑판 바닥을 딛고 튀어 오르는
눈부신 생의 향연,
죽음을 벗으려는, 저 수많은
간절한 몸부림을 본다

절체절명의 순간에야
비로소 알 수 있지

아직 살아있다는 것이
얼마나 큰 기쁨인가를,

3부

불면의 바다

파도가 귀를 간질이는
바닷가에서
지나는 바람이 말했네
심해 밑바닥에는
천사가 떨어뜨린, 수많은
순금 귀고리가 널려있다고

어두운 밤 섬돌 위에 서서
바닷속을 찬찬히 들여다보았네
과연, 저 깊이
손닿을 수 없을 만큼 깊은 곳에
무수한 금빛 귀고리들이
반짝 빤짝 빛나고 있었네

돌아와 바닷가 민박집 잠자리에 들어서는
밤새 설친 잠이 깨이도록 가끔
바닷새들이 귀고리를 찾아 투신하는 소릴
들은 적 있네.

첨벙첨벙
소리를 베고 잠이 들었던,
봄밤

책갈피에 꽂아둔 노래

잎들이 떠나는 가을날엔
새소리도 곱게 물이 든다

도시 주변의 가난한 숲과
아스팔트 거리를 나뒹구는 새소리를 주워
나의 친구 베르톨드 브레히트의
'살아남은 자의 슬픔'이 시작되는
갈피에 꽂아둔다

세월이 흘러
어떤 노래는 더러 흙에 묻히어
싹트기도 하겠지만
아주 먼 날에 누가 이 시집의
마른 꽃씨를 열어볼까?

상상한다

천 년 후쯤 우연히 누군가가
이곳, 한적한 시골 도서관 서가에 꽂혀있는
먼지 낀 내 시집의 갈피를 열었을 때

가슴 깊이 사무친 오늘의 노래가
그 오랜 흙의 마음에 싹을 틔우고
온 세상에 향기로운 꽃들을 피워 올려
높고 푸른 봄하늘에
무지갯빛 노래를 수놓을 것을,

유달산

바다가 연주하는 교향곡을 듣다가
긴 잠에 빠져든 유달산

지금 막 꿈에서 깨어난 듯
바람이 선잠을 깨워 흔들며
아득한 수평선을 보여준다

밀물에 잦은 삼학도
뱃고동 소리도 묻히는데
'목포의 눈물'을 따라 부르는 갈매기
해지는 섬을 떠나지 못해 운다

아랫도릴 감싸고 도는
영산강 끝자락을 묶어둔 채
꽃 지우는 바람을 붙들고 운다

아아 유달산아, 해 지는 저녁에
너 홀로 여기 남아 누굴 기다리니?

저 남쪽 바다 끝도 없는데
첩첩 그리움 풀어 헤쳐
하얗게 밀려드는 파도 소리를
일 년 삼백육십오일 종일토록
귀한 말씀 독경처럼 듣고 있구나

캠프파이어

아무리 모닥불을 지펴도
여전히 어둠은 남아
강 저편에 깊이 잠든 짐승과 새들
깨어나지 않는다

누군가 내 얼굴에 쓰인 고독을 읽고
누군가는 내 표정에서
지울 수 없는 쓸쓸함을 읽지만
끝내 악수를 청하지는 않는다

불꽃은 시들고 사방에 정적이 맴돌 때
꺼져가는 불씨의 식은 온기 속
이방인처럼 서투른 말,
서투른 몸짓으로 다가가지만
마음 문 굳게 닫은 사람들, 좀처럼
어두운 안쪽을 보여주지 않는다

망설이다가 안타까이 밤이 새고
그리움은 잔해처럼 재만 남아
바람에 뿔뿔이 흩어진다

어둠 속에 오래 망설이던 한 사내가
마지막 남은 불씨를 헤집어 보고는
천천히 어둠 저쪽으로 지워진다

입동

겸손해진 나무들이 마른 잎 위에
뿔테 안경을 벗어두고
찬비로 닦은 하늘 거울을 들여다보며
제 얼굴의 주름을 헤는 날
모과나무 맑은 이마 위로는
새들이 떼 지어 날아갔다

가슴을 텅 비운 들판이
정한 볕에 몸을 말리며
한가로이 누운 마을 어귀에
어미 떠난 송아지울음이
메아리로 돌아왔다

뺄기 꽃도 바람에 지고 없는
산마을 동산에는 누가 남아서
해지는 언덕에 앉아
낡은 하모니카를 불어주나?

떠난 자 아무도 돌아오지 않고
흘러간 세월도 돌아오지 않는데
어스름 진 산골 신작로에 서서
지워진 발자국을 찾고 있다

언젠가는 돌아가야 할
깊이 숨은 별자리를 눈여겨본다

어머니의 잠

늦은 밤, 집에 드니
불 꺼진 거실에
텔레비전만 거친 숨 몰아쉬고 있다

식구들 잠든, 조용한 집 안
구순의 어머니 혼자 불효자를 기다려
하얀 모시 베옷 단정하게 차려입은 채
누에처럼 둥글게 몸을 말아
푹신한 소파에 안겨
자궁 속 태아인 듯 잠이 드셨다

평생을 다듬이질하듯이
자식들 곱게 곱게 키워 보내고,
이제 섶에 오르려는 누에처럼
둥글게 구부린 허리
하얀 머리칼 곱게 빗어 올려
은비녀 단정히 꽂은 뒷모습이
한 폭의 그림같이 고우시다

살며시 다가가
주름진 이마에 입을 맞춘다.
잠든 얼굴 위로 꽃처럼 곱게 피어난 미소
볼을 타고 엷게 흘러내린다

편안한 잠자리로 모셔야 하지만
고요한 평화를 깰 수 없어 가만히
세파에 주름진 얼굴만
안쓰럽게 바라본다

내가 태아일 적, 어머니의
아늑한 자궁 속에 잠들었듯이
꿈속의 어머니도 지금 외할머니 자궁 속에
둥글게 안기셨나 보다

백 년이 넘도록 피어있는 꽃

처음 만난 그녀가 너무나 사랑스러워
손수건 접듯 곱게 접어
호주머니 속에 담아 왔다

집에 돌아와 그녀를 꺼내놓자
풍선처럼 부풀어 올랐다

목이 꺾여도 웃음을 잃지 않는
숨이 긴 꽃을 어쩌다가
허튼 욕심에 꺾고 말았을까

타오르자마자 산화하는
성냥 꼬투리처럼
죽음조차 망각한 철부지의
위험한 불장난,

난 오늘
피어오르는 꽃송일 꺾고 말았다
봉오리 진 꽃을 가슴에 품고
모든 혈관이 마를 때까지 동침했다

고목의 유서

늘 그 자리에 변함없이 서 있던
천 년 고목이 사라졌다
잘려 나간 밑동에
나이테 선명하다

긴 긴 날의 곡진한 삶을
심장에 인처럼 새겼으니
그 깊은 속을 헤아리지 말자

능지처참을 당하기 전엔
제 안의 비밀을 드러내지 않은
굳건한 믿음 하나로
태어난 자리를 떠나지 않았으니
오래된 나무의 견고함 앞에서
아무런 동의 없이
비밀을 해독하려 하지 말자

그 긴 세월
비바람 눈보라 몰아치고

거센 아픔이 몰려와도
온몸을 뒤채며 이겨낸 고목
마지막 한 장 유서를
가슴에 새겨두고 사라졌다

살아있는 동안은 언제나
굳건하고 당당하라고
밑동이 잘려서도 아직 숨 쉬는
무수한 뿌리의 말들
이 의연한 기개 앞에
저절로 고개 숙여 경의를 표한다

옹이

제 몸 가장 아픈 곳에 피어난 꽃

아주 오래도록, 절실하게 아려온 그리움이
진액으로 뭉쳐 앉은 흔적들

살아오는 동안의 아픔을
눈물로 보이지 않으려고
잎 그늘 속에 감추고 살아온
절망의 표식 같은 흉터를 응시한다

그 어떤 푸른 웃음으로도 지우지 못해
끈끈한 생명의 진액을 우듬지 끝까지 밀어 올려
결연히 싸우다가 죽은 피톨들이 뭉친 옹이

무성하게 숨 쉬는 푸른 기억 속으로
잊지 않으려고 피워 올린 따뜻한 혈화로,
마음 깊이 새겨 넣은 그리움의 나신으로

맑은 날 창가에서 비춰보는
늙은 누이의 손에 닦인 거울처럼 환하게
거친 몸의 한자릴 차지하고 있다

보은報恩

세한歲寒에 나무 한 그루
벗은 발로 서있다

가랑잎이 모여서
평생을 젖 먹여준 어미의
시린 발등을
마른 가슴 포개어 덮어주고 있다

워낭

주야로 당신을 수행하는 나는
당신이 지쳐 목이 잠길 때
대신 울어줍니다

당신이 흔들릴 때 나는 웁니다
당신이 쓰러질 때 나는 웁니다
당신이 울 힘조차 없어 파르르 떨 때
나는 다급함으로 목메어 웁니다

삼백예순다섯 날을 나는 당신 곁에 눕고
당신만을 바라봅니다

사람들은 나의 울음 소릴 눈감고도 알지요
당신이 점점 멀어지고 있다는걸,
혹은 당신이 먼 데서 오고 있다는 것을,
지친 하루를 끌고 집으로 돌아오고 있다는 것을,
내가 마지막 울음을 울 때, 그때야 비로소
당신이 가까이 와 있다는 것을,

당신이 슬플 때 나는 당신의 울음이 됩니다
당신이 아플 때 나는 당신의 신음이 됩니다
누가 나를 이렇게 운명처럼
당신의 목덜미에 달아 둔 걸까요?

민달팽이

옷을 벗었다
집을 버렸다

가진 것 다 내려놓고 빈손이다
알몸 하나로
사금파리 나뒹구는 세상
바닥을 묵묵히 기어간다.

죽어서 남기고 갈
누더기 한 벌 없는
완전 무소유

한 방울 이슬로서
마른 헛바닥을 적시며 가는 자
어느 수행자가 이만하겠는가!

그가
낮은 포복으로 기어가는 곳은
풀잎 하나도 길이 되느니

밤의 보석들을 캐는 광부

금강석을 캐던 자리
흩어진 보석 조각들
빛나고 있다.

깨어진 조각들은
찔림을 당한 상처의 기억들
상처는 이토록 아름답게
꽃으로 피어난다

하늘 곳곳
어둠이 숨어있는 길목마다
움푹움푹 파인 길의 상처들은
지친 광부들이 걸어간
무거운 발자취

늦은 저녁의
꺾이고 피 흘린 자국들 지워지고 없는데
어둠 열고
아득한 길의 중간쯤서
한 사내가 오래도록 울고 있다

사내의 울음은
그 어떤 울음보다 깊다
눈물도, 소리도 없는 쟁쟁한 울음이다

오랫동안 고뇌하며 떠돌던
북극 하늘의 유성 하나
마지막 혼백을 불사르며
푸른 우주 속으로 사라지고 있다

나무비린내

그녀에게서 비린내가 난다

눈동자에서, 입술에서, 앙가슴에서
콸콸 솟구치는 비린내

살아서 꿈틀거릴 때만 뿜어낸다는
지독한 비린내를 역겹게 받아 마신다

내가 비 맞은 새순처럼 당당해질 때
창밖, 오르가슴을 느낀 나무들도 일제히
회오리치는 바람을 부둥켜안고
우 우 우 우 저절로 터져 나는 신음을
견디지 못해 토해낸다

나도 누군가에게 역겨울 만큼의
지독한 비린내로 남고 싶다

생각만 해도 부르르 치가 떨리는,
구부러진 신경 줄을 팽팽히 당길 수 있는
그런 사람, 그런 시인이 되고 싶다

이팝나무꽃

보릿고개 허기진 옛날
주린 배 움켜쥐고
말간 하늘 희미한 낮달 아래
턱밑까지 숨차 넘던 바릿재 길

석삼년 흉년에 개다리소반 위
고봉으로 담긴 흰쌀밥같이
반갑게 흐드러진 이팝나무꽃
툭툭 터져 피어난다

그땐 그래도
한 됫박이 서 말 되는
튀밥 같은 사랑으로
우리 육 남매 배고픈 줄 몰랐다

물 말아 불어 터진 보리밥도
한 숟갈 더 먹어 배부르기 소원이던
그날이 엊그제처럼 생생한데
그런 날에 꼭 이팝나무꽃은
약 올리듯 피어났다

아버지를 따라나섰던 오일장
콧물 훌쩍거리며 입김 호호 불어먹던
멀건 국물 흥건한 장터국밥
휘휘 저어 고기 한 점 건져 올리며
뜨거운 국물에 눈물 뚝뚝 떨구던 시절

생각난다
투박한 사기 밥그릇에
고봉으로 허옇게 눌러 담은 한 그릇
귀하고 귀한 흰쌀밥

저녁, 시골 버스 정류장

수업 끝난 교실의 칠판같이
구름지우개로 닦은 하늘

느린 걸음의 저녁이
전학생 같은
수줍은 별 하나를 데리고 왔다

몇 번쯤 보았음 직한
우리들의 만남이지만 서로가 망설이며
인사가 수줍어 서성이고 있다.

어둠을 헤치고 멀어져간
새의 노래가
낯선 시집의 첫 장처럼
하늘 가장자리에 펼쳐져 있다

돌아갈 집이 먼 사람들이
오지 않는 버스를 기다리며
정류장 네거리를 서성이는 시간

손에 아무것도 없는 사람들은
버스를 기다리는 동안에 조용히
하늘에 띄엄띄엄 흩어져 있는
구름의 시문을 읽고 있다

월하미인 月下美人

가을 달밤, 외진 산길에
홀로 핀 꽃
갈길 바쁜 나를
자꾸만 불러 세운다

이름도 모르는 꽃
멀어져가는 나를 붙잡아 두려고
유혹처럼 몸 깊이 숨긴 향길 내뿜는다

유유하게 흐르던 하현달이
가던 길 멈추고 자꾸만 맴돌며 서성이는데
산등성이 구부러진 길가에
살빛 탈의를 하고
보고도 못 본 척 돌아서 있는 꽃
찬 바람 불어오는 고갯마루서
얼마나 오래도록 기다렸을까

달빛 묽게 번지는 심심산골
숨찬 적막에 입을 다문 꽃

4부

살아있는 날의 명상

언제까지일지 알 수 없지만
그냥 그동안을 사는 것이다
그냥 한 동안을 사는 것이다

어느 날 생각 없이
길 가운데 우두커니 서 있을 때
남은 해를 가늠하고 서둘러 길을 재촉할 때
멀리 북국으로 떠나가는
한 무리 새들을 본 적 있다

길이 멀어도 더디 나는 새들
날이 저물자
두려움으로 어둠이 몰려오고
새들이 지나간 하늘에는 발자국처럼
별들이 총총 돋아났다

그때 생각했지

나는 저 하늘,
어느 별자리를 이루는
맑고 선명한 발자국이 될까?

바보들의 천국

천국엔
바보들이 너무 많다지 뭐야

누가 나에게
"이 바보야!"라고 말하면
"이 천국에나 갈 녀석"이라고
들린다니까

난 정말 바보인가 봐!

눈물의 힘

만약 우리가
눈물 없는 세상에 태어났다면
비 갠 하늘을 보지 못하였으리
꽃잎에 맺힌, 눈 맑은 이슬과
구름 닦은, 빈 하늘에 걸린
영롱한 무지개를 만나지 못했으리

사파이어보다 더 영롱한
풀잎의 슬픔을 읽지 못했으리
그 작은 눈동자에 담긴
소우주를 보지 못했으리

눈물은 목마른 세상의 영혼을 적시나니
가난하고 뼈아픈 슬픔을 뜨겁도록 적시나니
따뜻한 눈물 한 방울이
차갑게 얼어붙은 소망을 녹이나니

나는 보았다오
아직 눈 뜨지 못한 어느 봄날,

숨 막히는 가뭄에
목마른 세상을 구원코자
하나님도 가끔은
봄비 같은 눈물을 흘리시는 것을,

어머니의 빈 고방庫房

늘 등 다독여 주시던 당신의
사랑하는 아들 얼굴도 몰라보시고
이름조차 잊어버리신 어머니

가난한 뒤주에 식량이 동나듯이
어머니가 가꾸신 기억의 창고에
더 이상 남아있는 기억이 없네

시간이 다 파먹어 버린 추억의 잔해
배고픈 영혼의 허허한 눈동자

숨을 쉰다고만 살아있다고 말할 수 없는
슬픈 이유를 생각한다
서로를 읽고 사랑을 나누는 기쁨으로
영혼을 배 불리는 일이 없는 것이라면
남아있는 시간조차 다 소용없어라

읽지 않고 버려진 시집처럼
당신이 나를 읽지 못함으로

나는 얼마나 슬프고 빈털터린가!
내 영혼 또한 당신처럼 배가 고프다

지워져 버린 기억 저편
연기처럼 사라진 추억들의 잔흔이
이제는 아무것도 보이지 않는다니
슬프다, 문은 잠기고
텅 빈 영혼 안에 감금된 어제의
아름다운 추억들을 꺼내올 수 없음에,

그대의 문 닫힌 고방庫房 안에
눈물 젖은 내 사랑을
더 이상 담아둘 수 없음에

겨울 소나무

가난도 벅찬 축복이어라

가슴 가득 끌어안은 푸른 꿈들로
군데군데 옹이 박힌 상처와 슬픔의 흔적들을
잎 그늘에 감춘 채 동면에 들었을 때
내 몸속
성숙한 나이테 하나 무럭무럭 자라났지

기다림은 언제나 인내가 필요하지만
바람 부는 언덕에 홀로 서 있는 것은
누군가를 그리워하는 증거,
그리워한다는 건
아직도 살아있을 만한 이유와
희망의 증거일지니

설사, 돌아오지 않는다 해도
기다림은 기다림만으로 이미
아름다운 것!

그걸 아는 나, 결코
바람 부는 언덕을 떠나지 않으리

아무것도 남기지 않는 새

새들은 가슴으로 말하고
은유로 노래하며
부리로 나뭇잎에 시를 쓰지만
죽은 다음에 단 하나의 음반,
단 한 권의 시집도 남기지 않네

나뭇잎들 우수수 떨어져
죽은 새들의 발가락을 덮을 뿐이네

우리가 '시'라고 부르는
길에 놓인 똥 막대기 같은 노래
걸리적거려서 넘어지기 쉬운 말들

죽은 다음
한 벌의 수의도 지을 수 없는
글 글 글이 넘치는
책 책 책들을
쓰레기 더미처럼 쌓아 둠에
세상은 말들의 홍수처럼 넘쳐
더러운 하수가 범람하네

그래도 끝내
새가 되지 못한 나는
심 부러진 연필을 아직도 놓지 못하네

조금만이라도 새들을 닮은,
그런 사람이라도 그리워 죽겠네

죽은 새들을 추억함

된서리 내리고
술렁이던 숲도 잠잠하다
하늘 높이 날아오르던 새들은 다
어디로 갔을까?

텅 빈 숲길을 걷다가
봄을 기다리며 꿈꾸다 죽은
겨울새들의 흔적을 발견했을 때
미처 하늘에 이르지 못한 새의
떨어진 날개깃털을 보며
가슴이 뭉클하다

텅 빈 하늘을 날아오르는 새,
내일 먹을 곡식을 쌓지 않고
창고도 없는 너
난 너를 가난한 군자라 부르겠다

곳간도 없고 자물쇠도 없지만
나뭇잎 뒤에 숨어 울 때는

네 설움 북받쳐 저절로 터져 나는 울음을
예쁜 노래로 장식하는 예인이란 걸 안다
무욕의 생을 건너는 깨끗한 영혼이
너라는 걸 안다

죽어서도 지상에 봉분 하나 남김없이
저 높은 곳으로 훨훨 날아가 무진장 깊은
하늘에 깃든 우리들의 랍비여!
차가운 겨울바람 부는 날
못다 부른 노래는 낙엽처럼 흩어지고
언 땅에 등을 대고 하늘 향해 부리를 연 채
빳빳이 굳어있던 너를 추억한다

내 마음의 보석

슬픔은 세상 어떤 빛보다 아름답다네
찬란하고 단단하다네

나 기도하네.
세상 모든 슬프지 않은 것들을 위해
에메랄드보다 푸르고
다이아몬드보다 단단한
눈물을 갖게 해 달라고,
아름답고 찬란한
슬픔을 갖게 해 달라고,

하느님은 가장 사랑하는 자에게
슬픔이라는 보석을 준다고 했네
눈물이라는 보석을 준다고 했네
다이아몬드보다 단단한 눈물을,
에메랄드보다 푸른 슬픔을 준다고 했네

영롱한 눈물과 푸른 슬픔을 지닌 자만이
천국 문을 열 수 있다네
세상에서 가장 빛나고 단단한 열쇠를 갖게 된다네

슬픔의 빛깔은 맑고 푸르다네
세상 어떤 영화榮華보다 눈부시다네

오래된 세탁기

관절염 환자처럼
삐걱대는 뼈마디

수전증을 앓는 노인처럼
덜덜거리는 몸뚱이

미안하다.
너무나 오랫동안 부려 먹어서,

기억하리라

시궁창을 걸어 나온
때 저린 나의 시간 들을
깨끗이 씻어 헹궈 준
눈물겨운 사랑

말하지 않아도 나는 알아,
쉬이 잊힌다는 게
관절염보다 더 뼈아픈 일임을,

버림받는다는 건
수전증보다 더 손 떨리는 일임을,

그러기에 차마
버리지 못하고 견디는 정!

얼음 궁궐에 들다

산악인 K는
히말라야 깊은 골짜기
열린 설빙의 크레바스 안으로 들어가
영원히 잠들었다

위대한 산이
그를 위해 미리 마련해 둔
거대한 궁궐로 들어선 것이다

소음과 먼지로 뒤덮인 인간의 마을을 지나
누에처럼 희고 맑은 얼음관 속에
가만히 등을 댄 순간,
산은 그를 품 안에 가두고
절대로 놓지 않았다

산은 그를 지독히도 사랑했기에
절대로 두 번 다시
거짓과 허위가 난무하는 세상으로
돌려보내지 않을 셈이었던 것이다

가엽의 힘

실타래처럼 풀린 다순구미 언덕길
골목 벗어나 바다 가까이 다가가면
파도는 낮은 속삭임으로
이제 막 피어나는 꽃밭처럼
수만 송이 은빛 그리움을
가슴 가득히 부려놓고 달아난다

한 땀 한 땀 그물을 깁듯
헝클어진 마음을 가다듬어
햇살에 이어 붙이는 봄바람이
백발 노파의 주름진 손등을
안쓰럽게 쓰다듬고 지나간다

하늘에 흩어진 새털구름과
파도 소리 젖은 물새 울음과
푸른 물결 위에 반짝이는 윤슬을
다소곳이 마음의 물레에 올려놓으면
어느새 아린 가슴은
먹먹한 그리움으로 벅차오른다

일찍이 젊은 남편을 빼앗아 간 바다는
언제 그랬냐는 듯 태도를 바꾸어
애무하듯 귓속말로 간지럽히지만
다시는 속지 않는다는 듯이
유복자 칠복이의 늙은 어미는
다가서는 밀물에 귀를 닫는다

삶이 다, 저 바다 같다지만
지워지지 않는 그리움을 안고
날마다 떠오르는 해를 맞이하는 일이란,
파도에 묻히는 갈매기 울음처럼 애달픈 것

유복자 아들만큼은
죽어도 바다에 내보내지 않겠다던
그 당찬 결심도 헛꿈이 된,
억센 가난이 물려준, 이 위대한
가업의 힘이여!

푸른 바다처럼 젊던 아들도 이젠
물 깃에 낡은 그물처럼 주름진,
검은 이마를 반짝이고 있다

거친 손등 쓸어내리며 찢어진 그물을
다시 깁는 노파의 마음은
사랑했던 남편이 잠든 목포 앞 바다에
꿈을 꾸듯 마중이나 가듯이, 그런 뜻으로
노파는 오늘도 가슴속 험한 파도 다스리며
수평선을 향해 그리움의 돛을 편다

포구에 등불이 들꽃처럼 피어날 때
슬픔과 그리움을 가득 싣고
야간 조업 나가는 고깃배 한 척
뚜우- 뚜우- 긴 뱃고동 울리며
밤의 수평선을 향해 사라진다.

고라니 생각

함박눈 펑펑 내리는 날엔
생각이 나오

바람 몹시 부는 겨울이었소
배고픈 고라니가 어슬렁거리며
뒷산 기슭 수수밭까지 내려와서는
먹구름 가득한 먼 하늘만 망연히
바라보고 서 있는 게 아니겠소
가까이 다가서도 저 잡아가라는 듯
꼼짝도 하지 않고 서 있는 거였소

그때 먼빛 숲속 나무 그늘쯤에서
허기진 새끼 고라니 우는 소리가
귀에 쟁쟁 들리지 않겠소

조금 있다가 눈이 잠깐 그친 사이,
뒤주 속에 묻어둔 고구마 몇 개를
고라니가 서성이던 자리에 두고 왔었죠
바윗돌 위에 놓아둔 고구마가
수북이 눈에 덮일 지경이었소

그 후로는
고라니가 다녀갔는지 모르는 일이오만
그 고라니가 아직도 살아있다면
내 아들 녀석 나이만큼이나 되었겠소

오늘같이 눈보라 씽씽 몰아치는 날
그 고라니, 어느 골짜기에
아들딸 낳으며 잘살고 있는지,
더 이상 배고픔은 없는 것인지
몹시도 궁금하오

비너스

산 정상 울창한 숲
바람에 물결친다
원시의 파도처럼 출렁이며
천지사방에 향기를 내뿜는다

검은 밀림 아래
백옥으로 깎아 세운 절벽이 찬란하다
감히 누구도 등반할 수 없는
저 가파른 위엄
절벽 아래는
초승달처럼 둘러선 좌우의 방풍림
방풍림에 둘러싸인 두 개의 흑진주
보석함을 닫았다가 여는 순간
누구라도 눈이 부셔 쓰러지고 말
신비스러운 창조의 발광체

두 개의 진주 사이로 열린
아름다운 지중해의 은모래 해변
거기서부터 은밀한 두 개의 동굴을 지닌
레바논의 언덕이 시작된다

해변 양쪽 끝엔 신비한 나팔이 달려있고
그 안에 소리를 빨아먹는 달팽이들이
산다고 한다

레바논 언덕 아랜
천사라도 유혹당할 붉은 옥합이 있다
뚜껑이 열릴 때면
은빛 찬란한 보석들로 눈이 멀 지경이다
그 유혹 앞에 넋을 잃고 쓰러진 장수들이
헤아릴 수 없다는 걸 역사는 증언한다

옥합이 놓인 가파른 절벽 아래
낭떠러지를 받치고 선 대리석 기둥 하나
어느 신전의 기둥이 이리도 곧고 정교할까
상아를 깎아 세운 것 같은 유려함

기둥이 선 땅, 가도 가도
풀 한 포기 자라지 않는 드넓은 평원

사막이 시작되는 이곳엔, 마치
표주박을 엎어놓은 듯한
두 개의 산봉우리가 있다

선이 고운 봉우리 위엔
선홍빛 체리를 얹어놓은 듯한
작은 꼭대기가 자리 잡고 있다

대평원 한가운데
지금은 말라버린 작은 샘 하나
맨 처음
하나의 생명이 또 다른 생명을 전수한 증표로
고통의 탯줄이 끊겨 나간 흔적이 선명하다

한참을 흘러내린 절벽 끝
커다란 계곡을 사이에 두고
두 개의 산맥이 갈리는 곳에
신비의 샘, 생명의 오아시스가
울창한 숲에 싸여있다

목마른 짐승들이 목을 축이는 곳
이곳을 기점으로
파르테논 신전의 기둥처럼
기다랗고 민첩한 두 개의 기둥이
완만한 곡선을 이루며
아름답게 벋어 내린다

단단한 대지가
영광스러운 눈빛으로
비너스를 받들고 있다

광복절 아침에

8월의 한 복판에 서서
칠천만 겨레의 가슴을 열면
꺼지지 않는 횃불
지금도 활활 타오르고 있다

만주벌판을 누비고 밀림을 지나
사막을 건너고 천산 넘어
위험한 골짜기, 바다와 강을 건너
시베리아 눈보라를 뚫고
만방의 좁은 길을 다 지나서
기나긴 목마름으로
겨레의 심장에 다다른
뜨거운 불꽃!

꺼지지 않은 횃불이 되어
문명의 어둠을 밝히고 있다
구국 선열의 목숨이
기름이 되어 타오르고 있다

아직도 사라지지 않은
어둠의 잔재를 태우려고
거룩한 분노처럼
육골을 짜내어 기름이 되고 있다

다 타서 재가 되어도
또 다른 누군가의 사랑이
마르지 않는 기름이 되어
영원토록 꺼지지 않는 횃불이 되어
삼천리 방방곡곡
무궁화로 피어나리

자유여, 민주여, 인권이여, 평화여,
겨레여, 목숨이여, 눈물이여,
지지 않는 꽃들이여, 사랑이여

아- 우주의 아름다운 별이며
지구의 중심,

아시아의 동방 반도에 피어난
피 붉은 생명의 꽃, 대한민국아!

겨레의 젖줄이고 목숨이고 환희며
사랑인 어머니, 조국 강산이여
만방에 우뚝 서서 어둠을 불사르는
거룩한 횃불이여

절대로 멈추지 말자
그 날의 절규를 행복으로 바꾸는 일
온몸으로 하늘의 축복을 받아 안고
어둠의 중심에 서서
뜨겁게 뜨겁게 타오르는 일
빛과 소금 되어
세계의 불의와 암흑을 밝히고
살맛 나는 세상을 만드는 일,

우리 모두 8월의 횃불이 되자
잿더미와 주검에서 솟아난 새싹처럼

눈물과 슬픔에 뿌리내려
푸르고 무성하게 자라난 나무처럼
영원히 지지 않는 꽃을 피우자

부끄럽지 않다
― 시에 대한 첫 번째 반성

그다지 시를 못 쓰는 게
참 부끄러운 일이던가
공부 못하는 학생의 이름표처럼?

시인, 시인이라는 명패를
과감히 내던져 버리면
그때는 온전히 자유로울까?

누가 허황되게 시인에게만
시를 쓸 자유를 허락했던가?

시 한 줄 못 써도
아름다운 무늬를 엮어가는 삶

간간이 실밥이 튀어나오고
거칠고 투박한 면이 없지 않아도
날줄, 씨줄, 매 순간의 짜임 짜임이
올올이 고운, 그것을
그것 하나만을 '참시'라고 하자

삶의 전부가 시가 되는,
온몸으로 쓴 시
땀과 사랑과 결핍으로 쓴 시를
이제부터 시라고 하자

사람들이
시가 아니라고 부득부득 우기는 것들을
당당히 '시'라고 부르자

천일염

나는 내 안에
그 누구도 훔칠 수 없는
찬란한 태양을 품고 있다

뜨거운 연단으로 빚은 눈부신 결정,
눈물로 다져 이룬 은빛 사리를,

싱거운 삶에 간을 맞추고
썩어가는 것들의 방부제가 되기 위해
온몸 녹여 바칠 결심으로
살아있는 것들의 혈관 깊숙이
피톨처럼 뜨겁게 스밀 것이다

그것이 내가 태어난 목적이며
숭고하고 유일한 의무일진대
이 맑고 눈부신 목숨을 녹여 바치고서
아무런 미련 없이, 흔적도 없이
봄눈처럼 녹아져 사라지리라

영원한 선물

여기, 그댈 위해
평생토록 준비한 선물이 있네

유월의 하늘에 빛나는 별같이
침묵으로 말하는 눈동자,
삶을 다독다독 어루만진 손,
눈물이 그린 담채화와
천사의 숨결이 담겨 있지

하늘로부터 빌려 쓴 세월엔
내 거친 영혼이 어쩌다가 피워올린
봄의 연둣빛!
겨울이 와도 시들지 않으리

천의 강을 건너
일만 산의 지붕을 넘어
함께 이르른 저녁

또 다른 삶을 건너기 위해
숨어있는 별들은 밤을 새워
하얗게 눈뜨네
손에 손잡고
은빛 강이 되어 흐르네

서로에 기댄 잠의 안식,
그 긴 꿈을 위하여

이것은
내가 그토록 아껴 쓴 시
거칠고 메마른 삶이 함께 담겼네

해설

윤리적 고백과 고도화된 자유

권성훈(문학평론가, 경기대 교수)

> 옷을 벗었다
> 집을 버렸다
> ―「민달팽이」중에서

1.

　진정한 자유는 소유에서 해방되는 데 있다. 소유는 욕망이라는 세계의 구조에 집착하는 것으로 가질수록 욕구는 늘어나지만, 번뇌는 깊어진다. 그렇지만 자신이 소유하고 있던 모든 것에서 멀어질수록 오히려 가벼워지는 것. 이성적인 자율성을 가진 자유는 독립된 주체로서 '소유의 옷'을 벗는 가운데 '욕망의 집'을 버리게 된다. 그것은 실존에 대한 결단으로 "가진 것 다 내려놓고 빈손"이 되었을 때 '완전 무소유'를 경험하는 것. 무소유는 아무것도 가지지 않는 것에 있는 것이 아니라, 가진 것을 스스로 소유하지 않는 데 있다. 저무는 하루는 "날마다 떠오르는 해를 맞이하는"(「가업의 힘」)데 이는 존재자의 일상이지만 수행자의 삶은 "한 땀 한 땀 그물을 깁듯/헝클어진 마음을 가다듬어"가며 '자율적 깨달음'을 통해 드러난다. 이처럼 자유는 물적으로 소유할 수 없는, 소유 속에 머무는 방식이며 이는 철저하게 외부에 강제되지 않고 이성에 의존하며 성립된다.

이 같은 자유를 사유하는 시인은 "세상에서 가장 가난한 자 되어"(「별이 부끄러운 밤」) 인간존재의 본질적 조건을 가장 낮은 위치로 설정한다. 그것도 '고독한 가슴에 깃들어 있는' 이 자리는 시인의 형이상학적 요청으로 "아픈 영혼을 위해 무릎 꿇는 시간" 속에서 생겨난다. 그리고 자신의 존재 의미를 "깊은 바닥으로 내려가/가장 낮은 자 되어" 실현해 나가는 능동적 존재임을 확인한다. 시인의 고독에서 생긴 이 '깊은 바닥'은 밤하늘에 반짝이는 '별'을 보면서 부끄러워할 줄 아는 자신을 새기는 '고요한 이 밤'에서 생성된다.

그만큼 자유는 자아 성찰을 통해 윤리적으로 인식되었을 때 완성되며 공유할 수 있는 가치로 환원된다. 요컨대 "추수 끝난 들판에 떨어진 이삭들"(「이삭 하나의 마음으로」)이 낮은 자세로 땅에 떨어져 "가난한 자가 더 가난한 자를 위하여/배고픈 자가 더 배고픈 자를 위하여/남겨둔, 그 마음"을 위하여 존재하듯이 자신의 소유에서 벗어난 자유는 가난한 인식을 통해 구명된다. 이런 존재가 자신의 소유를 포기함으로써 "풋풋한 가난의 향기"를 세계 속에서 남길 수 있듯이 "세상은 줍지 않고 남겨둔, 그/이삭 하나의 사랑으로 넉넉"해질 수 있다. 이삭 하나의 사랑이란 바로 자유에 대한 존재적론 해석이다. 이는 새로운 자유에 대한 시각을 제시하는 것으로 도덕적 의무나 규범적 틀로 제공하지 않는다. '이삭'과 같이 존재의 도덕적 의무가 아닌 자율적 윤리를 통해 드러남으로 자유는 소유하지 않는 데서 오는 의지다.

이번 이복현 시인의 『적막의 눈』은 존재의 자유를 소유와의 관계에서 소명하는 것으로 진화된 인간존재의 사유 가능성을 열어간다. 그는 존재의 운명적 시간에 자신을 내맡기며 끊임없이 자기 존재를 윤리적으로 드러내는 행위를 통해 자유를 실현하고 있다. 이 세계는 인간의 욕망과 삶의 모순이 가득한 장소로서 "지독한 비린내를 역겹게 받아 마신"(「나무비린내」) 공간이지만 이복현은 "구부러진 신경 줄을 팽팽히 당길 수 있는/그런 사람, 그런 시인이 되고"자 한다. 세속에 물들지 않으려고 하는 그의 시의식은 "푸르고 싱싱한 한 그루 나무 되어/그림처럼 오래도록 서 있게 될"(「그림 속에서 비를 맞다」) 날을 기약하면서. 허공의 몸으로 "종일 공중을 맴돌던 새"(「사립문 열어 두고」)처럼 "영혼과 영혼이 만나는 변곡점"에서 '육신의 무게'를 버리고 가벼워진 '영혼의 날개'로 '존재적 자유'를 채우고 있다.

내 영혼이
비 갠 하늘을 날아가는
흰 새만큼만 맑았으면 좋겠다

뻘밭을 걸어도 발 빠지지 않고
검은 연기 속으로 날아가도
끝끝내,

끝끝내 젖지 않는,

—「흰 새만큼만」전문

비물질 세계에서 존재하는 영혼은 존재의 무게를 버린 초월적인 대상이다. 이복현에게 자유는 바로 '내 영혼이' '흰 새만큼 맑았으면'하는 윤리적 고백에서부터 시작된다. 또한 시인은 자유에의 본성을 성찰하면서 영혼을 소유하고 있는 육신과 분리해낸다. 그럼으로써 영혼을 감싸고 있던 육신과 멀어짐으로써 자유를 가질 수 있는 것처럼. 그에게 사유화된 자유는 근원적인 것으로 "뻘밭을 걸어도 발 빠지지 않고/ 검은 연기 속으로 날아가도/끝끝내" 적셔도 '젖지 않는' 세속화되지 않는 영혼의 날개를 보여주고 있다. 자유를 상징하는 영혼의 날개는 그에게 운명과 같은 것으로 소유에서 벗어날 때 가질 수 있게 되는 도구다.

2.

그의 시편에서 운명의 나날을 함께 하는 존재적 사유는 칸트가 제시한 자유를 초월적 인과성으로 자연적 인과율을 넘어서는 '도덕 법칙'으로 해석된다. 이런 도덕 법칙에 대하여 "우리는 자유를 직접적으로 의식할 수가 없고, 또한 경험은 우리로 하여금 현상들의 법칙만을 그러니까 자유와는 정반대되는 자연의 기계성을 인식하게 하는 것이므로, 우리는 경험으로부터 자유를 추리할 수가 없기 때문이다."*

칸트는 자유가 존재하려면 외부 원인과 같은 자연의 인과율과는 별개로 자기 원인적 작용이 필요하며 이것은 도덕 법칙이 가진 이성적 사실로서 확립되며 내재적 맥락에서 실제성을 획득한다.

그것은 이미 경험되어진 기계적인 것이 아니라 새롭게 명명되는 것으로서의 경험 이전의 내면의 세계를 의미한다. 시인의 내재성은 강요하지 않는 자유로의 상상력을 가지며 다만 도덕 원칙을 기반으로 했을 때 윤리적 언어로서 주체의 출현이 가능해 진다. 마치 "내가/달의 언어로 말하면/너는 별똥별의 언어로"(「긴 꿈」) 답을 하는 자율적인 사유를 충당한다. 이럴 때 시인은 자유라는 "너를 품고, 너의 언어를 보듬고/너도 나의/착한 말들을 가슴에 안고" 육신을 잠재운 꿈과 같이 '무의식의 하늘'을 자유로운 새처럼 날아다닌다.

이젠 꽃을 피우리라
붉은 열매를 맺으리라

오랜 침묵으로

---

* 칸트, 『순수이성비판』, 백종현 역, 철학과 현실사, 2002, 53쪽.

겨울을 건넌 나목처럼
푸른 몸부림으로 일어서리라

적막에 뿌리내린 말들
동토에 잠들었던 슬픈 기억들
가슴 깊이 묻어둔 그리움의 씨앗들
환하게 눈뜨고 깨어나리라

겨자씨 하나같은
아프고 작은 말들이 눈 뜨고 일어나
헐벗은 산야에 큰 나무 되어
땅속 깊이 뻗어 내린 실뿌리로
맑은 수액을 쉼 없이 빨아들여

불타버린 검은 언덕에
연둣빛 꿈들로 무성하게 움 돋아
여린 가지마다 푸르른 이파리들
깃발 되어 펄럭이게 하리라

적막의 뿌리에서 솟구쳐 올라
수관을 타고 흐르는 생명의 노래
상한 가지마다 움트는
꿈을 위해 부르리라
위로받지 못한 사랑을 위해,
뜨거운 눈물을 위해 부르리라

얼어붙은 대지의 심장을 열고
고요히 눈뜨는,
적막을 위하여

―「적막의 눈」 전문

　이 시집의 표제작 「적막의 눈」은 시적 대상을 구속에서 해방시키고자 하는 이복현의 시의식이 두드러진다. 여기서 구속은 세계를 얽매고 있었던 내재적인 속박으로 "이젠 꽃을 피우리라/붉은 열매를 맺으리라"는 결연한 의지로 나타난다. 다만 시인의 결연한 의지는 정적인 것에서 동적인 것으로의 이행을 통한 "오랜 침묵으로/겨울을 건넌 나목처럼/푸른 몸부림으로 일어서리라"라는 심상을 보여준다. 바로 '푸른 몸부림'은 "적막에 뿌리내린 말들"을 재현하는 것으로 "동토에 잠들었던 슬픈 기억들"을 호명하는 데 있다. 물론 시인이 추구하는 것은 대자적인 것으로 "가슴 깊이 묻어둔 그리움의 씨앗들"이 "환하게 눈뜨고 깨어나" '불타버린 검은 언덕'에 '얼어붙은 대지의 심장을 열고' 나아가기를 윤리적인 화법으로 청유한다.

　이것은 씨앗들을 속박받는 대상으로 비유하며 '꿈을 위해, 위로받지 못한 사랑을 위해, 뜨거운 눈물을 위해' '고요히 눈뜨는 적막' 속 자유를 꽃피울 것을 표상하고 있다. 이복현의 이 같은 적막의 시선은 바라봄에서 시작되며 이때 바라봄의 자세는 "마음속 물결을 가르며 헤엄쳐 오는" 「심해 생각」을 하듯이 "넌지시 바라본다" 이 또한 적막 속에서 "적멸을 꿈꾸며 수도하는" 절간 처마 밑 '쇠 물고기'처럼 위에서 아래로 풍경처럼 바라본다. 눈을 뜨고 잠을 자는 물고기처럼 언제나 깨달음을 향해 깨어 있어야 적멸에 들 수 있다는 것이 쇠 물고기가 주는 교훈이다. 물에서 사는 물고기를 허공에 매달고 상징화시킨 것 또한 깨달음에 대한 자유를 내다볼 수 있게 한 것이다. 시인의 자유는 "길이 멀어도 더디 나는 새들"(「살아있는 날의 명상」)처럼 가벼워진 하늘에 자신을 맡기고 날아가면서 세계를 응시하는 데 있다. 여기서 "새들이 지나간 하늘에는 발자국"을 남기지 않기 때문에 더 멀리 더 오래 날갯짓을 할 수 있다는 존재의 본질적 원리가 담겨있다.

3.

이복현은 존재의 무게를 땅에 내려놓고 허공을 날아가는 새의 가벼움을 통해 자유에 대한 전망을 나타낸다. 이러한 욕망이 가지는 소유를 버리고 사유를 소유하기 위한 그의 시편에는 "어둠을 헤치고 멀어져간/새의 노래"(「늦은 저녁의 비파 가락처럼」)가 맑은 영혼을 가로지르고 있으며 "낯선 시집의 첫 장처럼" 우리를 설레게 하면서 영혼의 가장자리에 펼쳐져 있다. 거기에 "아주 오래도록, 절실하게 아려온 그리움이"「옹이」처럼 스며들어 있는 영혼의 "진액으로 뭉쳐 앉은 흔적들"이 녹아있다. 사실 이러한 '영혼의 진액' 속에는 그가

"살아오는 동안의 아픔을/눈물로 보이지 않으려고/잎 그늘 속에 감추고 살아온" 생애를 짐작하게 만든다. 여기서 영혼의 진액이 만들어 내는 맑은소리를 들을 수 있는데, "주야로 당신을 수행하는 나는/당신이 지쳐 목이 잠길 때/대신 울어" 주는 「워낭」같이 "당신이 슬플 때 나는 당신의 울음이" 되고 "당신이 아플 때 나는 당신의 신음이" 되어 영혼처럼 운명의 나날을 함께하고 있는 언어로 표상되기도 한다.

> 새들은 가슴으로 말하고
> 은유로 노래하며
> 부리로 나뭇잎에 시를 쓰지만
> 죽은 다음에 단 하나의 음반,
> 단 한 권의 시집도 남기지 않네
>
> 나뭇잎들 우수수 떨어져
> 죽은 새들의 발가락을 덮을 뿐이네
>
> 우리가 '시'라고 부르는
> 길에 놓인 똥 막대기 같은 노래
> 걸리적거려서 넘어지기 쉬운 말들
>
> 죽은 다음
> 한 벌의 수의도 지을 수 없는
> 글 글 글이 넘치는
> 책 책 책들을

쓰레기 더미처럼 쌓아 둠에
세상은 말들의 홍수처럼 넘쳐
더러운 하수가 범람하네

그래도 끝내
새가 되지 못한 나는
심 부러진 연필을 아직도 놓지 못하네

조금만이라도 새들을 닮은,
그런 사람이라도 그리워 죽겠네
─「아무것도 남기지 않는 새」 전문

무상으로 유상을 주는 존재론적 자유를 시인은 새의 생태를 통해 메시지를 전달하려고 한다. 우리가 아는 "새들은 가슴으로 말하고/은유로 노래하며/부리로 나뭇잎에 시를 쓰지만"에서 말하고, 노래하고 쓰는 행위는 현존재자의 일상적인 삶이다. 또한 그것을 기록하고 남기려고 하는 것은, 자신의 지나간 미래를 미리 보고자 하는 선험적인 경험에서 비롯된다. 그렇지만 새가 "죽은 다음에 단 하나의 음반/단 한 권의 시집도 남기지 않"는 생태적 사유를 전거하면서 죽어서도 살아있음을 바라는 인간존재의 욕망을 가르친다. 여기서 죽음은 새처럼 아무것도 남기지 않는 본질적인 자유로서 땅에 육신을 벗고 자유로운 영혼이 되었을 때 완전한 주검에서 죽음이 현출되는 것이다. 때로는 "우리가 '시'라고 부르는" 언어는 "길에 놓인 똥 막대기 같은 노래"에 불과하며 그

렇다면 "걸리적거려서 넘어지기 쉬운 말들"로서 자유를 방해하는 언어일 뿐이다.

이처럼 이복현은 고유성에 대한 중심에 균열을 주고 욕망하는 주체를 해체함으로써 "죽은 다음/한 벌의 수의도 지을 수 없는/글 글 글이 넘치는/책 책 책들을" 쓰레기 더미로, 말들의 홍수로 폄하하는 것은, 그것을 알면서 "그래도 끝내/새가 되지 못한 나"에 대한 반성으로서 성찰의 언어를 윤리적으로 새기기 위함이다. 이는 자연에 순응하며 버리지 못한 욕망에 대한 자구책으로 내린 윤리적 통찰이다. 이로써 언어로 억압하고 있는 세계에 대한 저항으로서 응답이며 그것은 실존에 참여하는 방식이 된다.

> 된서리 내리고
> 술렁이던 숲도 잠잠하다
> 하늘 높이 날아오르던 새들은 다
> 어디로 갔을까?
>
> 텅 빈 숲길을 걷다가
> 봄을 기다리며 꿈꾸다 죽은
> 겨울새들의 흔적을 발견했을 때
> 미처 하늘에 이르지 못한 새의
> 떨어진 날개깃털을 보며
> 가슴이 뭉클하다
>
> 텅 빈 하늘을 날아오르는 새,

내일 먹을 곡식을 쌓지 않고
창고도 없는 너
난 너를 가난한 군자라 부르겠다

곳간도 없고 자물쇠도 없지만
나뭇잎 뒤에 숨어 울 때는
네 설움 북받쳐 저절로 터져 나는 울음을
예쁜 노래로 장식하는 예인이란 걸 안다
무욕의 생을 건너는 깨끗한 영혼이
너라는 걸 안다

죽어서도 지상에 봉분 하나 남김없이
저 높은 곳으로 훨훨 날아가 무진장 깊은
하늘에 깃든 우리들의 랍비여!
차가운 겨울바람 부는 날
못다 부른 노래는 낙엽처럼 흩어지고
언 땅에 등을 대고 하늘 향해 부리를 연 채
빳빳이 굳어있던 너를 추억한다
―「죽은 새들을 추억함」 전문

'죽은 새들을' 애도하는 이 시는 가난한 새들의 영혼을 통해 인간존재에 대한 윤리성을 문제 삼는다. 시인은 "텅 빈 숲길을 걷다가/봄을 기다리며 꿈꾸다 죽은" 겨울새들의 주검을 발견하고 그것을 "미처 하늘에 이르지 못한 새"라고 명명한다. 죽는 순간까지 하늘로 날아가려고 애썼던 새들의 "떨어진 날개깃털을 보며/가슴이 뭉클"해진 시인은 새들의 영혼을 위로하면서 인간의 욕망을 바라보게 만든다. 여기에 "텅 빈 하늘을 날아오르는 새"의 영혼을 통해 "내일 먹을 곡식을 쌓지 않고/창고도 없는" 진정한 존재의 자유를 윤리적으로 재편하고 있다. 또한 "난 너를 가난한 군자라 부르겠다"고 하는 시인의 언술은 '곳간도 없고 자물쇠도 없'는 새의 죽음을 패러독스하면서 곳간과 자물쇠로 얼룩진 인간의 내면을 되돌아보게 한다.

그럼으로써 "무욕의 생을 건너는 깨끗한 영혼이" 무엇인지 깨닫게 하면서 "죽어서도 지상에 봉분 하나 남김없이/저 높은 곳으로 훨훨 날아가 무진장 깊은/하늘에 깃든" '새들의 무덤'을 보여준다. 그의 시편에서 「새들의 무덤」은 '죽은 새들을 추억'하는 데서 오며 그들의 영혼이 "밤하늘 무수한 별들"이 되어 반짝이는 "하늘로 간 새들"이라는 점이다. 반면에 "짐승들은 굴을 파고 들어가 긴 잠"에 들어가는 것처럼 "사람은 죽고 죽어, 무덤이 산야에 넘쳐나"는 위협적인 존재로서 주검을 맞이한다는 것에 대한 역설이다.

4.

하늘에 찍힌 새들의 발자국이
무수한 별이 되어
잠언처럼 반짝인다

발자국과 발자국이 뒤섞여
걸어온 길이 다 보이지 않는
난맥일지라도
우리가 한길을 걸어왔으며
몸과 몸이 부딪히며
삼천 겁의 인연을 가졌다는 사실

세상 모서리마다 아픔이 숨어있어도
하루치의 눈물이 기름이 되어
저녁 식탁에 환한 등 하나 켜 올리고
몇몇 날의 슬픔이 우리의 잔을 들어 올려
잠시라도 하나가 되는
이 순간을 노래하자

마을의 은은한 불빛들과
하늘에 새긴 새들의 발자국이
어둠을 밝히는 밤
남몰래 향기를 짓는
깊은 산속 이름 모를 풀꽃들
눈물 자국 지운 자리마다
송이송이 환하게 피어난다.

―「자국마다 꽃이 핀다」 전문

  이복현이 현시하는 자유에의 발자취는 길 위에서 피었다가 지는 꽃과 같이 미적인 것을 동반하기도 한다. 그것은 '나를 찾고자 말없이 거울을 닦을 때 지난했던 시간에 자라난 길들이'(「거울을 닦으며」) '축축한 발자국들과 만나고 헤어진 골목골목 그늘진 음성들이 들려오고 뜨겁거나, 혹은 가벼운 말들'을 불러온다. 거기서 찾아낸 "지워진 발자국"(「입동」)은 "마음속 거친 시간의 발자국이 새겨진 자리"(「대룡리」)로서 "달콤했던 꿈들이 소복이 쌓여있는 곳"이기도 하다. 이 꿈들은 가벼운 발걸음을 재촉하는 것으로 "걸어가는 모든 방향이 길이" 되고, 길이 된 "발자국마다 천 개의 길이" 되면서 지상에 꽃을 피워 올린다. 그럼으로써 추상적인 모든 발자국은 그것대로 구체적인 의미를 가진 지상의 꽃들로 태어날 수 있다.

반면 「자국마다 꽃이 핀다」는 "하늘에 찍힌 새들의 발자국"을 언표하는 것으로 새들의 발자국이 '무수한 별이 되어/잠언처럼 반짝"인다는 데서 기인한다. 땅의 발자국은 꽃을 수놓게 하지만 하늘의 발자국은 별을 빛나게 하는 것으로 어두운 밤이 되면 새들의 발자국이 지상의 발자국을 환하게 비춰준다. 이를테면 "하늘에 새긴 새들의 발자국이/어둠을 밝히는 밤"이 되면 "눈물 자국 지운 자리마다/송이송이 환하게 피어"나게 하는 힘을 가지고 있다. 여기서 지워진 눈물 자국은 지상을 의미하는 것으로 "발자국과 발자국이 뒤섞여/걸어온 길이 다 보이지 않는" 곳이며 "몸과 몸이 부딪히며" 인연의 겁을 건너가야 하는 공간이다.

봄이 오자, 한 새가
죽은 나뭇가지에서 오래 울었다

불에 탄 나무의 밑동에서 새로 피어난
나뭇잎에 찍힌 바람의 지문을 읽다가
스르르 잠이 들었다

새는 나무뿌리에 감춘 전설을
다 꿈꾸고 나서, 비로소 처음으로
바람 소리, 빗소리를 읽는다

나 오래전에 만난 새는
뜻 모를 울음만 주렁주렁
팽나무 가지에 걸어두고 사라졌다

울음을 기억하는 숲의 나무들은
붉은 울음을 꽃으로 피워
종일 뿌리로부터 뽑아 올린 전설들로
열매를 맺는다

울음은 뜨거운 열매가 되기도 한다

―「울음의 열매」 전문

 이 시는 죽은 나뭇가지에서 울고 있는 새를 소재로 죽은 나무와의 인연을 슬퍼하고 있다. 앞서 보여준 시들이 허공에 길을 내거나, 별들로 반짝이는 새를 형상화했다면 「울음의 열매」는 지상에 날개를 접은 실존을 드러낸다. 그것도 불에 타 죽은 나무를 울음으로 애도하는 새가 '나무 밑동에서 새로 피어난 나뭇잎에 찍힌 바람의 지문을 읽다가 스르르 잠이 드는 것'으로 묘사된다. 거기서 "새는 나무뿌리에 감춘 전설을/다 꿈꾸고 나서, 비로소 처음으로/바람 소리, 빗소리를 읽는"데 이는 가난한 새의 영혼을 통해 그 "울음을 기억하는 숲의 나무들"의 정령을 불러들이는 것과 같다. 종국에는 "붉은 울음을 꽃으로 피워/종일 뿌리로부터 뽑아 올린 전설들로/열매를 맺는" 것은, 생명에 대한 '새의 울음'이며 이것이 "뜨거운 열매가 되기도 한다"는 아픈 영혼을 위한 시인의 윤리적 고백에서 비롯하고 있다.

5.

이복현의 자유는 소유에서 해방되면서 자유를 획득하는데 그것은 '고도화된 자유'로 쓰인다. 이 고도화된 자유는 그의 시편에서 윤리적 화법으로서 현출하는 인간존재의 사유를 담보하고 있다. 그럼으로써 존재의 운명적 시간에 끊임없이 자기 존재를 물질과 분리시키고 영혼과 같은 비물질 체계로서 세계를 성찰하기에 이른다. 그에게 영혼은 존재의 무게를 버린 초월적인 대상으로 나타나기도 하지만 그것은 자유에의 본성을 성찰하면서 맑은 영혼을 소유하기 위함이다.

이처럼 '존재의 무게'를 통한 '자유에의 본성'에 관한 "이것은/내가 그토록 아껴 쓴 시/거칠고 메마른 삶이 함께 담겼네"(「영원한 선물」)라고 공표할 만한 내재적 통찰을 가진다. 이번 시집은 이복현 시인이 "평생토록 준비한 선물"로서 그것은 내외적 경험 속에서 얻은 가치이며 "침묵으로 말하는 눈동자"라는 이성적 영역에서 "내 거친 영혼이 어쩌다가 피워 올린" 정신적 영역으로 확대시키고 있다. 이때 정신적 영역을 밝히는 것이 영혼이며, 영혼은 바로 자유로 환원된다.

그의 영혼을 담보로 피워올린 시편들은 "아름다운 무늬를 엮어가는 삶"(「부끄럽지 않다」) 속에서 부끄럽지 않게 써 내려간 겸손에의 표상으로 "온몸으로 쓴 시"이며 "땀과 사랑과 결핍으로 쓴 시"라고 말한다. 그의 시편들에 숨겨진 땀과 사랑과 결핍이야말로 '윤리적 고백'으로서 이복현을 읽어내는 핵심어이기도 하다. 거기에 그의 시 의식은 온몸으로 밀고 나간 "날줄, 씨줄, 매 순간의 짜임 짜임이/올올이 고운" 시적 담론으로 증명하고 있다. 여기서 우리는 "그 누구도 훔칠 수 없는/찬란한 태양을 품고"(「천일염」) 뜨겁게 축출한 언어를 행간에서 가공하고 있는 이복현 시편들을 긍정하게 된다.

이복현
1999년 대산창작기금(시 부문) 받음.『문학과의식』겨울호로 활동 시작.
1994년 중앙일보 시조 장원 및『시조시학』신인상 수상.
시집『사라진 것들의 주소』등 4권, 시조집『눈물이 타오르는 기도』등 2권.
충남작가상(시), 한국시조시인협회상(시조), 시조시학상 등 수상.
대산창작기금, 서울문화재단, 충남문화재단 등 지원금을 수혜.
한국시인협회, 한국작가회의, 한국시조시인협회 회원.
poemtop@hanmail.net

서정시학 시인선 233
적막의 눈
───────────────────────────────

2025년 9월 29일 초판 1쇄 발행

지 은 이 · 이복현
펴 낸 이 · 최단아
편집교정 · 정우진
펴 낸 곳 · 도서출판 서정시학
인 쇄 소 · ㈜ 상지사
주 소 · 서울시 서초구 서초중앙로 18, 504호 (서초쌍용플래티넘)
전 화 · 02-928-7016
팩 스 · 02-922-7017
이 메 일 · lyricpoetics@gmail.com
출판등록 · 209-91-66271

ISBN 979-11-92580-64-7 03810

계좌번호: 국민 070101-04-072847 최단아(서정시학)
값 15,000원

* 이 도서는 2025년 충청남도, 충남문화관광재단의 지원을 받아 간행되었습니다.
* 잘못된 책은 바꾸어 드립니다.

서정시학 시인선

001 드므에 담긴 삽 강은교, 최동호
002 문열어라 하늘아 오세영
003 허무집 강은교
004 니르바나의 바다 박희진
005 뱀 잡는 여자 한혜영
006 새로운 취미 김종미
007 그림자들 김 참
008 공장은 안녕하다 표성배
009 어두워질 때까지 한미성
010 눈사람이 눈사람이 되는 동안 이태선
011 차가운 식사 박홍점
012 생일 꽃바구니 휘 민
013 노을이 흐르는 강 조은길
014 소금창고에서 날아가는 노고지리 이건청
015 근황 조항록
016 오늘부터의 숲 노춘기
017 끝이 없는 길 주종환
018 비밀요원 이성렬
019 웃는 나무 신미균
020 그녀들 비탈에 서다 이기와
021 청어의 저녁 김윤식
022 주먹이 운다 박순원
023 홀소리 여행 김길나
024 오래된 책 허현숙
025 별의 방목 한기팔
026 사람과 함께 이 길을 걸었네 이기철
027 모란으로 가는 길 성선경
029 동백, 몸이 열릴 때 장창영
030 불꽃 비단벌레 최동호
031 우리시대 51인의 젊은 시인들 김경주 외 50인
032 문턱 김혜영
033 명자꽃 홍성란
034 아주 잠깐 신덕룡
035 거북이와 산다 오문강
036 올레 끝 나기철
037 흐르는 말 임승빈
038 위대한 표본책 이승주
039 시인들 나라 나태주
040 노랑꼬리 연 황학주
041 메아리 학교 김만수
042 천상의 바람, 지상의 길 이승하
043 구름 사육사 이원도
044 노천 탁자의 기억 신원철
045 칸나의 저녁 손순미
046 악어야 저녁 먹으러 가자 배성희

047 물소리 천사 김성춘
048 물의 낯에 지문을 새기다 박완호
049 그리움 위하여 정삼조
050 샤또마고를 마시는 저녁 황명강
051 풀어뜯을 수도 없는 숨소리 황봉구
052 듣고 싶었던 말 안경라
053 진경산수 성선경
054 등불소리 이채강
055 우리시대 젊은 시인들과 김달진문학상 이근화 외
056 햇살 마름질 김선호
057 모래알로 울다 서상만
058 고전적인 저녁 이지담
059 더 없이 평화로운 한때 신승철
060 봉평장날 이영춘
061 하늘사다리 안현심
062 유씨 목공소 권성훈
063 굴참나무 숲에서 이건청
064 마침표의 침묵 김완성
065 그 소식 홍윤숙
066 허공에 줄을 긋다 양균원
067 수지도를 읽다 김용권
068 케냐의 장미 한영수
069 하늘 불탱 최명길
070 파란 돛 장석남 외

071 숟가락 사원 김영식
072 행성의 아이들 김추인
073 낙동강 시집 이달희
074 오후의 지퍼들 배옥주
075 바다빛에 물들기 천향미
076 사랑하는 나그네 당신 한승원
077 나무수도원에서 한광구
078 순비기꽃 한기팔
079 벚나무 아래, 키스자국 조창환
080 사랑의 샘 박송희
081 술병들의 묘지 고명자
082 악, 꿍치 비린내 심성술
083 별박이자나방 문효치
084 부메랑 박태현
085 서울엔 별이 땅에서 뜬다 이대의
086 소리의 그물 박종해
087 바다로 간 진흙소 박호영
088 레이스 짜는 여자 서대선
089 누군가 잡았지 옷깃 김정인
090 선인장 화분 속의 사랑 정주연
091 꽃들의 화장 시간 이기철
092 노래하는 사막 홍은택
093 불의 설법 이승하
094 덤불 설계도 정정례

095 영통의 기쁨 박희진
096 슬픔이 움직인다 강호정
097 자줏빛 얼굴 한 쪽 황명자
098 노자의 무덤을 가다 이영춘
099 나는 말하지 않으리 조동숙
100 닥터 존슨 신원철
101 루루를 위한 세레나데 김용화
102 골목을 나는 나비 박덕규
103 꽃보다 잎으로 남아 이순희
104 천국의 계단 이준관
105 연꽃무덤 안현심
106 종소리 저편 윤석훈
107 칭다오 잔교 위 조승래
108 둥근 집 박태현
109 뿌리도 가끔 날고 싶다 박일만
110 돌과 나비 이자규
111 적빈赤貧의 방학 김종호
112 뜨거운 달 차한수
113 나의 해바라기가 가고 싶은 곳 정영선
114 하늘 우체국 김수복
115 저녁의 내부 이서린
116 나무는 숲이 되고 싶다 이향아
117 잎사귀 오도송 최명길
118 이별 연습하는 시간 한승원

119 숲길 지나 가을 임승천
120 제비꽃 꽃잎 속 김명리
121 말의 알 박복조
122 파도가 바다에게 민용태
123 지구의 살점이 보이는 거리 김유섭
124 잃어버린 골목길 김구슬
125 자물통 속의 눈 이지담
126 다트와 주사위 송민규
127 하얀 목소리 한승헌
128 온유 김성춘
129 파랑은 어디서 왔나 성선경
130 곡마단 뒷마당엔 말이 한 마리 있었네 이건청
131 넘나드는 사잇길에서 황봉구
132 이상하고 아름다운 강재남
133 밤하늘이 시를 쓰다 김수복
134 멀고 먼 길 김초혜
135 어제의 나는 내가 아니라고 백 현
136 이 순간을 감싸며 박태현
137 초록방정식 이희섭
138 뿌리에 관한 비망록 손종호
139 물속 도시 손지안
140 외로움이 아깝다 김금분
141 그림자 지우기 김만복
142 The 빨강 배옥주

143 아무것도 아닌, 모든 변희수

144 상강 아침 안현심

145 불빛으로 집을 짓다 전숙경

146 나무 아래 시인 최명길

147 토네이토 딸기 조연향

148 바닷가 오월 정하해

149 파랑을 입다 강지희

150 숨은 벽 방민호

151 관심 밖의 시간 강신형

152 하노이 고양이 유승영

153 산산수수화화초초 이기철

154 닭에게 세 번 절하다 이정희

155 슬픔을 이기는 방법 최해춘

156 플로리안 카페에서 쓴 편지 한이나

157 너무 아픈 것은 나를 외면한다 이상호

158 따뜻한 편지 이영춘

159 기울지 않는 길 장재선

160 동양하숙 신원철

161 나는 구부정한 숫자예요 노승은

162 벽이 내게 등을 내주었다 홍영숙

163 바다, 모른다고 한다 문 영

164 향기로운 네 얼굴 배종환

165 시 속의 애인 금동원

166 고독의 다른 말 홍우식

167 풀잎을 위한 노래 이수산

168 어리신 어머니 나태주

169 돌속의 울음 서영택

170 햇볕 좋다 권이영

171 사랑이 돌아오는 시간 문현미

172 파미르를 베고 누워 김일태

173 사랑혀유, 강 김익두

174 있는 듯 없는 듯 박이도

175 너에게 잠을 부어주다 이지담

176 행마법 강세화

177 어느 봄바다 활동성 어류에 대한 보고서 조승래

178 터무니 유안진

179 길 위의 피아노 김성춘

180 이혼을 결심하는 저녁에는 정혜영

181 파도 땋는 아바이 박대성

182 고등어가 있는 풍경 한경용

183 0도의 사랑 김구슬

184 눈물을 조각하여 허공에 걸어 두다 신영조

185 미르테의 꽃, 슈만 이수영

186 망와의 귀면을 쓰고 오는 날들 이영란

187 속삭이는 바나나 지정애

188 더러, 사랑이기 전에 김관용

189 물빛 식탁 한이나

190 두 개의 거울 주한태

191 만나러 가는 길 김초혜

192 분꽃 상처 한 잎 장 욱

196 하얗게 말려 쓰는 슬픔 김선아

197 극락조를 기다리며 허창무

198 늙은 봄날 윤수천

199 뒤뚱거리는 마을 이은봉

200 신의 정원에서 박용재

201 바다로 날아간 나비 이병구

202 절벽 아래 파안대소 이병석

203 숨죽이며 기다리는 결정적 순간 박병원

204 왜왜 김상환

205 사랑의 시차 박일만

206 목숨 건 사랑이 불시착했다 안영희

207 달팽이 향수병 양해연

208 기억은 시리고 더듬거린다 김윤

209 빛으로 남은 줄 알겠지 이인평

210 시간의 길이 유자효

211 속삭임 오탁번

212 느닷없이 애플파이 김정인

213 탕탕 석연경

214 수평선은 물에 젖지 않는다 동시영

215 굿모닝, 삐에로 박종명

216 고요, 신화의 속살 같은 한승원

217 지구가 멈춘 순간 정우진

218 치킨과 악마 김우

219 천 개의 질문 조직형

220 그림 속 나무 김선영

221 서향집 이관묵

222 동백아, 눈 열어라 안화수

223 참회록을 쓰고 싶은 날 이영춘

224 등불 앞에서 내 마음 아득하여라 오세영

225 리을리을 배옥주

226 나무늘보의 독보 권영해

227 별이 빛나는 서대문형무소 문현미

228 씀바귀와 쑥부쟁이 윤정구

229 구름의 슬하 이영란

230 힘없는 질투 김조민

231 그림자의 섬 김구슬

232 해파랑 헌화가 최해춘